ARLEQUIN PHAETON,

PARODIE.

Repreſentée par les Comédiens Italiens ordinaires du Roy, le Jeudy vingt-deuxiéme Fevrier 1731.

Par Meſſieurs DOMINIQUE *&* ROMAGNESI, *Comédiens ordinaires du Roy.*

A PARIS,

Chez LOUIS-DENIS DELATOUR, Libraire-Imprimeur de la Cour des Aydes, en la maiſon de feuë la veuve Muguet, ruë de la Harpe, aux trois Rois.

M. DCC. XXXI.

Avec Approbation & Permiſſion.

ACTEURS.

LIBIE, *Fille de Merops Roy d'Egypte.*

THEONE, *Fille de Protée.*

PHAETON, *Fils du Soleil & de Climene.*

CLIMENE.

PROTE'E, *Dieu marin.*

SUIVANS *de Protée.*

TRITON *Dieu marin, frere de Climene.*

SUIVANS *de Triton.*

EPAPHUS, *fils de Jupiter & de la Déesse Isis.*

MEROPS *Roy d'Egypte, qui a épousé Climene après la mort d'une premiere épouse.*

ROYS *Egyptiens & Indiens.*

Un vent.

Le Soleil.

Les heures du jour.

JUPITER.

ARLEQUIN PHAETON
PARODIE.

SCENE PREMIERE.

LIBIE *seule.* AIR. *Ici sont venus en personne.*

Eureuse une ame indifférente!
Le bonheur dont j'étois contente
Ne me sera-t'il point rendu?
Dans ces beaux lieux tout est paisible,
Helas que ne m'est-il possible
D'y trouver ce que j'ay perdu!
C'est un petit cœur ingénu,
C'est un cœur sincere & fidelle
Dont je n'auray plus de nouvelle;
Quand l'amour une fois le prend,
Jamais le traître ne le rend.

SCENE DEUXIE'ME.

THEONE. LIBIE.

THEONE. AIR. *Trop aimable Nanette.*

Quand tout cherche à vous plaire
Vous rêvez seule ici.

ARLEQUIN PHAETON,
LIBIE.
Vous y venez Commere
Rêver feulette auſſi.
THEONE.
J'aime & n'en fais point myſtere,
Il faut ma chere
Aimer pour éprouver
Le plaiſir de rêver.

Avoüez que vous en tenez auſſi bien que moy.

LIBIE. AIR. *Ma mere mariez moi.*
Le Roy me donne un époux,
Dois-je moins rêver que vous?

THEONE.
Ah de grace finiſſons,
Nous nous connoiſſons. *bis.*
Parlons d'amour ſans façons.

LIBIE.
Je le veux bien.

THEONE.
Commençons.

AIR. *Helas quand je fis la choſe.*
Avoüez en confidence
Que de tant d'amants,
Qu'attire ici la puiſſance
De vos yeux charmants,
Il en eſt quelqu'un, Madame,
Dont le joli minois
Vous agite & vous enflame
En tapinois.

LIBIE. AIR. *Le joli jeu d'amour.*
Le petit Dieu d'amour
Nous pourſuit nuit & jour,
Et le perfide enfin nous attrape:
On a beau ma foy
Eſtre fille d'un grand Roy,
Juſque ſur le trône il vous frappe.

PARODIE.

Le petit Dieu &c.

THEONE. Air *de l'Opera.*
Le fils de Jupiter vous aime
    LIBIE. Air *de l'Opera.*
Je ne ferois qu'à lui s'il étoit à moi-même.
      THEONE.

Voila parler.
    LIBIE. Air. *Je voudrois bien me marier.*
Je voudrois bien me marier,
Je ne sçais comment faire,
Epaphus est un Cavalier
Qui feroit mon affaire :
Mais combien nous allons crier,
S'il déplaît à mon pere.

Vous êtes plus heureuse que moi, ma chere Theone.
    Air. *Quelle réjoüiffance.*
Du Dieu de la lumiere
Le fils charmant vous plaît,
Vous l'aimez fans en faire aucun miftere,
Il vous aime, tout infolent qu'il eft.

Vous joüiffez d'un plein repos.
    THEONE. Air *de l'Opera.*
Hélas ! un tendre amour eft toûjours agité.
    Air. *Si ta femme gronde.*
Ecoutez Princeffe
Une courte comparaifon,
Quoiqu'elle paroiffe
Hors de faifon,
La mer orageufe
Après fes fureurs eft en paix,
Mais fille amoureufe
Ne l'eft jamais.
    Toutes deux. Air. *Ah Madame Anrou.*
Ah Mamade Anrou
Que l'Amour eft fou

ARLEQUIN PHAETON.

Et qu'il fait de folles !
Ah Madame Anrou
Combien de paroles
Ici perdons-nous !

THÉONE. Air. *De Versailles à Paris.*

Je crains bien qu'aujourd'hui... *bis.*
Phaëton ne me quitte,

LIBIE

Je vous laisse avec lui.

TOUTES DEUX.

Ah Madame Anrou, &c.

SCENE TROISIE'ME.

PHAETON, THÉONE.

THÉONE. Air. *Et zon zon zon.*

Vous passez sans me voir, craignez-vous ma presence ?

PHAETON.

Je vous aime Théone, & ce soupçon m'offense.

THÉONE. Air. *Lere la lere lan lere.*

J'apperçois à votre embarras
Qu'ici vous ne me cherchiez pas.

PHAETON.

J'y cherchois la Reine ma mere,

THÉONE.

Lere lan
Lere lan lere,
Lere lan,
Le bon enfant.

PHAETON.

Est-il défendu de chercher sa mere ?

THÉONE.

Oüi c'est sa maîtresse qu'il faut chercher.

PARODIE.
PHAETON.

Ma foi chacun a ses affaires, voila une Maîtresse qui m'importune autant qu'une femme.

AIR. De quoi vous plaignez-vous.

De quoi vous plaignez-vous,
Je ne suis point infidele,
Dequoi vous plaignez-vous,
Quand on n'aime que vous.

THEONE. AIR. *Mariez mariez-moi.*

Mon pere m'a bien prédit,
Les maux où l'amour m'expose.

PHAETON.

J'aime & cela vous suffit.

THEONE.

Non, il faut bien autre chose,
Marions, marions, marions-nous.

PHAETON.

Je crains la métamorphose.

THEONE.

Marions, marions, marions-nous.

PHAETON.

Que je ne suis pas si fou !

THEONE. AIR. *de Belphegor, c'est un plaisir pour mes semblables.*

Nous sommes seuls dans ces retraites,
Et malgré mes ardeurs parfaites,
Vous ne cherchez qu'à m'éviter.
Ah ! du moins ingrat que vous êtes,
Puisque vous me voulez quitter,
Quittez-moi mieux que vous ne faites.

PHAETON. AIR. *Réjouissez-vous bons François.*

Je ne sçais comment vous calmer,
J'aime autant que je puis aimer ;
Si mon cœur n'est pas assez tendre,
C'est à l'Amour qu'il faut s'en prendre.

THE'ONE. Air. *Ah ! qu'il est beau l'Oyseau.*
Quand vous commenciez d'être amant,
Vous me cherchiez à tout moment,
Vous ne sçavez que trop comment
   On aime... *bis.*
Ah que ne m'aimiez-vous toûjours de même !
  PHAETON. Air *de l'Opera.*
 La Reine tourne ici ses pas.
  THE'ONE. Air *de l'Opera.*
C'est bien répondre, allez ne vous contraignez pas.

SCENE QUATRIE'ME.
CLIMENE, PHAETON.

CLIMENE. Air *des pendus.*

Vous paroissez chagrin, mon fils.
   PHAETON.
Ma mere, c'est que je le suis,
Le Roi va se choisir un Gendre,
Ce Gendre au Thrône doit prétendre,
Epaphus en brigue l'emploi,
Voyez quelle rage pour moi.
   CLIMENE.
Le pauvre enfant, consolez-vous mon mignon.
   Air. *Allez allez vous présenter.*
A tout j'ai déja sçû pourvoir,
En habile personne,
On doit vous offrir dès ce soir
Libie & la couronne,
Vous les refuserez, je croi ;
Car vous aimez Théone.
   PHAETON.
D'accord ; mais j'aime par ma foi
Mieux monter sur le thrône,

PARODIE.

CLIMENE.

Ah que ces nobles sentimens me font bien reconnoître le fils du Soleil.

PHAETON.

Ma mere il y a cependant une chose qui m'embarasse; le Soleil est mon pere, n'est-ce pas?

CLIMENE.

Oüi vraiment.

PHAETON. AIR. *Vous avez beau faire la fiere.*

Comment avez-vous pû faire
Pour engager votre foy,
Et de vous ma chere mere
Que pense notre bon Roy;
Avez-vous passé pour neuve
Dans l'esprit de ce butor?

CLIMENE.

Il m'a prise comme veuve.

PHAETON.

Mais le Soleil n'est pas mort.
Tout cela me chicane.

CLIMENE.

Taisez-vous petit épilogueur, c'est votre sort qui m'inquiete, Protée va venir ici avec ses moutons, & je veux le consulter sur ce qui vous regarde, faites que personne ne vienne nous troubler.

PHAETON *en s'en allant.*

Ah!

SCENE CINQUIE'ME.

PROTE'E. AIR *de M. Mauret*

Heureux qui peut sur les bords de la Seine
   Se promener sans rien risquer,
Heureux ceux que l'espoir d'une amoureuse aubaine,

ARLEQUIN PHAETON,

Ne force point à s'embarquer;
Dangereux en est le voyage,
Jeunes amants craignez l'orage,
Qui vous fait quelque fois
    Faire n'aufrage
A Javelle, au port à l'Anglois.

      APR *de l'Opera.*

Prenez soin sur ces bords des troupeaux de Neptune.

      AIR. *Gardons nos Moutons.*

Sur tout prenez bien garde au loup,
Bergeres, je vous prie ;
Car il se glisse tout à coup
Du bois dans la prairie,
Quand à petit bruit
Il s'est introduit,
C'est en vain que l'on crie.

Faisons un petit somme sous ces arbres pour tuer le tems.

SCENE SIXIE'ME.

CLIMENE, TRITON, PROTE'E.

    CLIMENE. AIR. *S'il va droit en amour.*

IL faut, mon cher frere Triton,
  Que par quelque rubrique,
Sur le destin de Phaëton,
Protée enfin s'explique ;
Il est très-sensible, dit-on,
A son panégyrique,
Il faut sur un sublime ton
Le lui faire en musique.

    TRITON. AIR. *Adieu paniers.*

Que Protée avec nous partage
De nos vieux airs les doux appas,

PARODIE.

Car dans les nouveaux Operas,
Il n'auroit pas le même avantage.
   AIR. *Dans nos bois.*
  Bondissez
Petits agneaux, paissez
  Sur ces rivages,
  Vous oiseaux,
  Vous chalumeaux,
Et vous murmure des eaux,
  Vous feüillages,
  Vous ombrages,
  Vous badins zéphirs,
  Qui rimez à plaisirs,
 Vous charmants boccages,
 Vous tendres désirs,
 Amoureux soupirs,
  Et sornettes,
 Qui sont faites
 Depuis si long-tems,
 Qu'on remet tous les ans
 Dans les chansonnetes,
 Remplissez nos chants.
  On danse le même AIR.
  PROTE'E. AIR. *Tarare ponpon.*
Je suis tout réjoüi de vos airs en bécare,
Mais vous vous enrhumez, mon cher ami Triton,
  Et mon troupeau s'égare.
   TRITON.
  Daignez de Phaëton
  Dire le sort.
   PROTE'E.
    Tarare
 Ponpon.
  TRITON. AIR. *On vous en ratisse.*
Comme Madame Jobin

ARLEQUIN PHAETON,
Vous lifez dans le deftin,
Que votre art nous éclairciffe
De la chanfe qu'il aura.
PROTE'E.
On vous en ratiffe tiffe tiffe,
On vous en ratiffera.

Il fe change en arbre.

TRITON. AIR. *Tandis que nous fommes à l'aife.*
Vainement de la métamorphofe,
Sorcier vous empruntez le fecours,
Il faut nous éclaircir de la chofe,
Où nous vous obféderons toujours ;
Mais que vois-je c'eft un ânon,
Ah vous parlerez mon mignon,
Répondez donc ?
PROTE'E *contrefait l'âne.*
Hihon, hihon.
TRITON *contrefait le cochon.*
C'eft un cochon.
PROTE'E *contrefait le cochon.*
Hon, hon, hon, hon.
TRITON.
Pent-on comprendre à ce jargon,
Le deftin de Phaëton !
PROTE'E *en vendeur de Ptifanne.*
AIR. *Ramonez-ci.*
A la fraîche, qui veut boire.
TRITON.
Voici bien une autre hiftoire,
Parbleu vous refterez-là.
PROTE'E.
Buvez par-ci, buvez par-là,
La, la, la, *Il les mouille.*
TRITON.
Le grand forcier que voilà !

PARODIE

AIR *Tu n'as pas le pouvoir.*

Nous voila bien accomodez,
Nous sommes inondez.   *bis.*

PROTE'E *en pluye de feu.*

Vous avez tort de vous fâcher,
Voici pour vous sécher.   *bis.*

TRITON. AIR *de l'Opera.*

Il reviendra bientôt sous sa forme ordinaire.

AIR. *Le sçavant Diogenes.*

Ma sœur venez l'entendre.

CLIMENE.

Puisqu'il devoit se rendre,
Pourquoi tant differer?

TRITON.

Quand il s'agit d'oracle,
Toujours par un spectacle,
Il faut le prépater.

PROTE'E.

Ma foi je suis au bout de mon rollet.

AIR *de l'Opera.*

Puisque vous le voulez, je romprai le silence,
   Le sort de Phaëton se découvre à mes yeux.
   Dieux! que d'argent! quel monde! O Dieux!
Il ne doit son succès heureux
   Qu'à sa magnificence.
   Mais n'importe? malgré sa grande dépense
   Et son nouveau soleil, il ennuyera toujours.
   En vain un pinceau d'importance
   Aux yeux de tout Paris fait briller sa science;
   Dans peu de tems il finiroit son cours,
   Si d'un Danseur il n'avoit le secours.
   Mais quoiqu'on admire sa danse,
   Le vendredi ne vient pas tous les jours.
   Mais quoiqu'on admire sa danse,
   Bientôt de ce nombreux concours
   Cessera l'affluence.

ARLEQUIN PHAETON,
CLIMENE & TRITON.
AIR *des Pendus.*

Quel oracle, quelle terreur!
Ah je me sens saisir d'horreur.

SCENE SEPTIE'ME.
CLIMENE PHAETON.

PHAETON.

Hé bien, ma mere, que vous a dit Protée?

CLIMENE.

Il m'a dit que vous mourriez bientôt, mon fils.

PHAETON. AIR *Vise au trou.*

IL croit m'effrayer
Par cette menace,
Car le vieux sorcier
Veut avoir de ma race.
Va je t'en réponds :
Crois-tu que je fasse
De petits poupons
Gardeurs de moutons?

CLIMENE.

Non vous dis-je? Vous devez mourir si vous montez au thrône.

PHAETON.

Oh que non.

CLIMENE. AIR *De tous les Capucins.*

Vous êtes digne de l'Empire,
Mais en tremblant je vous admire.
Vivez, mon fils, contentez-vous
De regner sur un cœur fidelle,
Il n'est point d'empire plus doux
Que de l'avoir sur une belle.

PARODIE

PHAETON. Air *J'amerois mieux ma mere.*

Vous vous moquez, ma mere,
En vérité.
Eh quoi le fils du Pere
De la clarté,
Vivroit-il dans l'obscurité ?
Quelle absurdité ?
J'ai trop de fierté ;
Vous vous moquez, ma mere,
En vérité.

CLIMENE.

Ah qu'il a d'esprit ! Adieu, mon fils, j'espére que l'amour
De Théone l'emportera sur votre ambition.

PHAETON.

Air *Je suis Mousquetaire.*

Hé quoi ! ma mere au besoin m'abandonne.

CLIMENE.

Théone a votre foi.

PHAETON.

Je n'en veux plus, la gloire me talonne,
J'aime mieux être Roi.

CLIMENE.

Mais vous mourrez si vous montez au thrône.

PHAETON.

Je veux la Couronne
moi,
Je veux la Couronne.

SCENE HUITIE'ME.

EPAPHUS LIBIE.

EPAPHUS. Air *du Confiteor.*

Quel malheur, quel supplice : hélas !

ARLEQUIN PHAETON,

LIBIE.

Que vous allarmez ma tendresse?
Cher Epaphus, ne pleurez pas.

EPAPHUS.

Je vous perds, charmante Princesse,
Quel malheur, quel supplice : hélas
De perdre un bien si plein d'appas!

Le Roi vient de me donner mon congé, un autre vous épouse.

Quel malheur, quel supplice : hélas
De perdre un bien si plein d'appas!

Qnoi vous ne pleurez point; voila une nouvelle qui ne vous touche guéres.

LIBIE. AIR *A peine avoit-elle atteint.*

Mes feux vous sont trop connus
Pour avoir rien à craindre.
Votre amour, cher Epaphus,
Se plaint sans se contraindre :
Mais l'amour qui se plaint le plus,
N'est pas le plus à plaindre.

EPAPHUS.

Ah voila un jeu de mots qui me rassure.

AIR *Et puis quand ils sont revenus.*

Oh vous dont j'ai reçu le jour,   bis.
Jupiter vengez mon amour ;   bis.
Ecrasez ce Roi téméraire.

LIBIE.

Songez du moins qu'il est mon pere.

EPAPHUS.

Ah je ne m'en ressouvenois plus.

AIR *En m'en revenant du tabac.*

Mais vous ne me demandez pas
Le nom de votre époux.

LIBIE.   Hélas,
De quelque sorte

PARODIE.

Que soit fait cet époux
Fort peu m'importe,
Puisque ce n'est pas vous.

EPAPHUS.

C'est Phaëton.

LIBIE. AIR *Rossignolet du verd bois.*

Funeste choix !

EPAPHUS. Douleur mortelle !

LIBIE.

O jour affreux !

Tous deux.

O d'un amour tendre & fidelle
fort malheureux !

EPAPHUS. AIR *Vous comptez avec peine.*

Pourrez-vous, inhumaine,
Rompre un si doux lien.

LIBIE.

J'aurai bien de la peine,
Mais il le faudra bien.

EPAPHUS.

Cela est fort honnête.

Tous deux. AIR *de l'Opera.*

Faut-il que le devoir barbare
A jamais nous sépare ?

EPAPHUS. AIR *Malheureuse journée.*

Je vous perdrai cruelle,
Ah quel affreux tourment !
Mon cœur tendre & fidelle
Gémira vainement,
Inconstante Libie,
Privé de vos appas,
Je vais perdre la vie,
Et vous n'en mourrez pas.

Encore un petit Duo pour achever de nous consoler.

ARLEQUIN PHAETON.
LIBIE. EPAPHUS.
AIR *Carillon Vendôme.*

Que mon sort seroit doux,
Si je passois avec vous
La vie, la vie.

SCENE NEUVIE'ME.

MEROPS, PHAETON, LIBIE *sa suite.*

MEROPS. AIR *Le Seigneur Turc a raison.*

Ecoutez Messieurs les Rois,
Ce que je vais dire;
De Phaëton j'ai fait choix
Pour succeder à l'Empire,
On voit à son tein vermeil,
Qu'il est le fils du Soleil,
Cela doit vous suffire.

AIR *Mirliton.*

De ma fille qu'il demande,
Volontiers je lui fais don,
De tous côtez qu'on entende
Retentir cent fois le nom
Du grand Phaëton,
Mirliton mirlitaine, &c.
Du grand Phaëton, ton ton.

CHOEUR.

De tous côtez qu'on entende, &c.
On danse.

SCENE DIXIE'ME.

THEONE PHAETON.

THEONE. AIR. *Pierre bagnolet.*

AH Phaëton est-il possible,
Que vous m'ayez manqué de foi:

PARODIE.

Pouvez-vous être sensible
Pour la fille de ce vieux Roi ?
  Répondez-moi.   *bis.*
Ah Phaëton, &c.

PHAETON.
   Air *L'amour la nuit & le jour.*
Mon aimable tendron,
Cela me désespére,
Mais mon ambition
M'empêche de vous faire
 L'amour,
La nuit & le jour.

THEONE.   Air *La charmante Catin.*
Vous aimez la Princesse à la folie,
Et votre cœur perfide enfin m'oublie :
Oüi l'amour vous transporte,
Et vous livre à ses appas.

PHAETON.
Non, le diable m'emporte,
L'amour ne s'en mêle pas,
 La la,
Je n'épouse que ses ducats.

THEONE.
Que je suis malheureuse !

PHAETON.   Air *Digue don don daine.*
Punissez-moi par votre haine,
Cherchez aussi fortune ailleurs :
Accablez-moi de vos rigueurs,
Ma foi je ne vaux pas la peine
Digue digue don digue don dondaine,
Que vous répandiez tant de pleurs.

THEONE.
Infidelle tu me trahis donc, puissent tous les Dieux me venger de ton ingratitude.   Air *Ta la le rire.*
Que l'Amour allume le foudre,

Sur lui qu'elle tombe en éclats,
Que l'ingrat soit réduit en poudre....
Dieux vangeurs ne m'exaucez pas !
Car je ne l'ai dit que pour rire.
Ta la rita, la lire.

SCENE ONZIE'ME.

PHAETON.

AIR *Changement pique l'appétit.*

ON dit que deux beaux yeux en larmes,
Sur les cœurs ont de puissants charmes :
Mais on ne sçait ce que l'on dit,
Changement pique l'appétit.

Mais à propos je dois un visite à la Déesse Isis, & comme elle est la mere de mon rival, elle va me recevoir à merveille.

SCENE DOUZIE'ME.

PHAETON. EPAPHUS.

EPAPHUS. AIR *En sortant l'autre jour.*

Qui vous fait si hardi,
Petit étourdi,
D'être à cette porte ?
Ignorez-vous,
Qu'Isis ma mere est en courroux ?

PHAETON.

Nous sçaurons l'appaiser.

EPAPHUS.

Et comment ?

PHAETON.

Que vous importe ?
Parbleu je vous trouve encor bien plaisant :
N'est-on pas bien venu quand on aporte ?
Je veux entrer ici pour mon argent.

PARODIE.

EPAPHUS.   Air *Que l'on ne parle plus de guerre.*
Votre attente sera trompée.
PHAETON.
Ça commençons
Par ôter chacun notre épée
En bons poltrons.
Voilà nos mesures bien prises,
Et nous pouvons
Nous dire toutes les sottises   *Ils ôtent leurs*
Que nous voudrons.   *épées.*
EPAPHUS.   Air *Et zeste adieu le reste.*
Croyez-vous qu'à vos vœux
Le juste Ciel réponde.
PHAETON.
Je suis maître du monde,
Puis-je être plus heureux ?
EPAPHUS.
Bientôt un coup funeste
Pourra vous mettre en désarroi.
PHAETON.
Et zeste, zeste, zeste.
Puisque tout le monde est à moi,
Rien ne vous reste.
EPAPHUS.
Quel orgueil ? Songez que Jupiter est mon pere.
PHAETON.
Et qu'est-ce que cela me fait ? Le Soleil est le mien.
Air *C'est lui qui fait la pinprenelle.*
Mon pere est le Dieu favorable,
Qui par tout répand ses rayons :
C'est à sa chaleur secourable,
Que l'on doit les vins Bourguignons ;
Et sans sa clarté charitable,
Les hommes n'iroient qu'à tâton.

ARLEQUIN PHAETON,
EPAPHUS. *même air*
Mon pere est le Dieu redoutable,
Qui régit la terre & les Cieux,
Il peut d'un coup inévitable,
Renverser les audacieux ;
Vous n'avez qu'à lire la Fable,
Vous le connoîtrez encore mieux.

Tous deux. AIR *de l'Opera.*
Non rien n'est comparable,
Au destin glorieux
{ Du plus luisant des Dieux,
{ Du plus bruyant des Dieux.

EPAPHUS. AIR *Ouiche & Ouidà.*
Le grand Jupiter est mon pere,
Tout le monde sçait cela :
Pour vous ou ne vous connoît guére.

PHAETON.
Le Soleil est mon papa.

EPAPHUS.
Ah ah ah,
Ouiche ouiche,
Votre mere nous dit cela,
Mais elle triche :
Ouiche ouiche,
Et ouida.

PHAETON. AIR *De l'Opera.*
Osez-vous attaquer ma gloire ?

EPAPHUS.
Deffendez-la si vous pouvez.

SCENE TREIZIE'ME.

CLIMENE. PHAETON.
PHAETON. AIR *Ah ma tante.*
AH ma mere. *bis.*
A ce que dit Epaphus,

PARODIE.

Le Soleil n'eſt pas mon pere,
Ah ma mere, *bis.*

CLIMENE.
Ah quelle inſolence !

PHAETON. Air. *A la foire à la Courtille.*
Qu'ici votte cœur s'explique,
Confondrons-nous les jaloux?
La choſe eſt problematique ;
Car on trompe tant d'époux,
Dites ma mere,
N'auriez-vous point entre nous,
Trompé mon pere?

CLIMENE. Air. *Il faut partir quand l'ordre preſſe.*
Mon fils, vous me faites injure,
Phœbus vous a donné le jour,
Je dois le ſçavoir & j'en jure,
Pour m'y tromper j'eus pour lui trop d'amour.

PHAETON.
Je vous crois, mais je prétends qu'à ſon tour,
Lui-même aujourd'hui m'en aſſure.

Les vents deſcendent.

CLIMENE.
Vous n'en douterés plus petit incrédule, voilà une voiture qu'il vous envoye pour monter à ſon Palais.

PHAETON.
Vivat.

Air *des Fraiſes.*
Mon triomphe éclatera
De l'un à l'autre pole,
Epaphus enragera.

CLIMENE.
Partez mon fils.

PHAETON.
M'y-voilà ;
Je vole, je vole, je vole.

ARLEQUIN PHAETON.

SCENE QUATORZIE'ME.

Le Theatre repréfente le Palais du Soleil.

LE SOLEIL LES HEURES.

UNE HEURE. Airs *de M. Morel.*

JE fuis l'heure des rendez-vous,
Aux doux inftants je m'abandonne,
J'aime à tromper les jaloux,
C'eft pour les amants que je fonne,
Et jamais pour les époux.

UNE HEURE.

Je fuis l'heure des bons repas,
Toujours la foule m'environne,
Que pour les Gafcons j'ai d'appas,
Quand par hazard pour eux je fonne.

UNE HEURE.

Je fuis l'heure des emplettes,
Que l'on entend toujours carillonner.

UNE HEURE.

Moi celle de payer les dettes,
On ne m'entend jamais fonner.

LE SOLEIL. *Menuet de Mr Grand'val.*

Redoublez la réjoüiffance
Qu'en ces lieux vous me faites voir,
J'apperçois mon fils qui s'avance,
Danfez pour le bien recevoir.

On danfe.

PARODIE.

UNE HEURE. Air, *Qu'il est joli.*

Dans ce Palais
Tout brille, tout enchante
D'une gloire éclatante
Joüissez en paix,
Qu'il est joli !
Qu'il est poli !
Il ressemble à son pere, on diroit que c'est lui.

CHOEUR.
Qu'il est joli, &c.

LE SOLEIL. Air. *Passant sur le Pont-neuf.*

Approchez Phaëton, que rien ne vous étonne,
J'adoucis en ces lieux l'éclat qui m'environne.

PHAETON.
De votre ton plûtôt adoucissez l'éclat, Ouf.

LE SOLEIL.
Qu'avez-vous donc mon fils vous soupirez.

PHAETON. Air. *Marotte fait bien.*

Puisqu'il m'est permis mon pere
De vous appeller ainsi,
Faites donc taire
Le temeraire
Qui dit que ma mere
En a menti. *bis.*

LE SOLEIL.
Quelle langue de vipere,
Que le monde est perverti !

Oüi, Phaëton, je vous reconnois pour mon fils.

PHAETON.
Ce n'est pas le tout, les autres n'en voudront rien croire

LE SOLEIL. Air. *Quand on a prononcé*

Quel gage voulez-vous du sang qui vous fit naître
Je vous l'accorderai.

PHAETON.
>Vous vous moquez peut être.

LE SOLEIL.
J'en jure par le ſtix ; effroyable ferment,
Que ne pourroit pas même enfreindre un bas Normand,

Tu n'as qu'à me demander tout ce que tu voudras.

PHAETON. AIR. *Diogene en ſon tonneau.*
>Dans votre beau chariot.

LE SOLEIL.
>Oh oh,

PHAETON.
>De l'Orient juſqu'à l'Ourſe
>Je voudrois bien au grand trot.

LE SOLEIL.
>Oh oh.

PHAETON.
>Faire une petite courſe.

LE SOLEIL.
>Diableſot,
L'entrepriſe eſt trop témeraire

PHAETON.
>Eh bien, je n'irai mon cher pere,
>Que de Paris à Chaillot.

LE SOLEIL.
>Et ho, ho, ho,
Vous tomberez comme un ſot.

PHAETON.
Il ne s'agit pas de cela, vous avez juré.

LE SOLEIL. AIR. *O que ſi.*
>Tu n'as pas jeune étourdi
>Pour conduire un tel équipage
>Aſſez de force en partage.

PAHETON.
>Oh que ſi.

PARODIE.
LE SOLEIL.
Ma crainte doit te suffire
Tu peux encor t'en dédire.
PHAETOM.
Oh que nenni.

LE SOLEIL. AIR. *Mais surtout prenez bi[en]
garde à votre cotillon.*

Malheureux pere que je suis ! *bis.*
Eh bien, puisque je l'ai promis
Allez vous promener, mon fils ;
Mais j'espere petit fou
Vous voir casser le cou.

Une heure. AIR. *Chers excrimeuts de la machoire.*
Allez répandre la lumiere,
Puissiez vous dans votre carriere
Ne trouver aucune orniere
Qui vous fasse un mauvais tour ;
Allez répandre la lumiere,
Nous vous donnons le bon jour.

CHOEUR.
Allez répandre la lumiere, &c.

SCENE QUINZIE'ME.

CLIMENE, MEROPS. *suite.*

Le Théatre représente une campagne & un Soleil levant.

CLIMENE. AIR. *La curiosité.*

Venez tous en ces lieux, pour voir d'une merveille
La beauté,
Dans le monde on n'a point encor vû sa pareille,
La rareté,

Mes enfans le Soleil est dans une bouteille,
La curiosité.

AIR de l'Opera.

Que tout chante, que tout réponde
C'est un Soleil nouveau,
Qui doit attirer bien du monde,
C'est un Soleil nouveau,
Cela doit être beau.

Pour le ceup Phaëton est fils du Soleil.

AIR. O reguingué.

Mon fils éclaire ses jaloux, (bis.)
C'est luï qui brille aux yeux de tous.

MEROPS.

Par quel courier le sçavez-vous ?
Pour moi je ne sçaurois le croire.

CLIMENE.

On l'a vû de l'Observatoire

SCENE SEIZIEME.

EPAPHUS. *Menuet, Jupin du grand matin.*

O Vous puissant Jupin,
C'est en votre main !
Que je mets mon destin,
Jusqu'aux cieux,
Un audacieux
Porte sous vos yeux
Son vol ambitieux,
Je croque le marmot
Et le mâgot,
De son pere idiot
Prend le fallot,

Conduit

PARODIE.

Conduit le chariot,
A l'amble au trot,
Tandis que comme un sot
Je ne dis mot,
Lancez à ce nabot
Votre brulot,
Enflammez son jabot
Comme un fagot,
Faites un escargot
De sa sotte figure à Calot.

SCENE DIX-SEPTIE'ME.

CLIMENE ET MEROPS.

Que tout chante que tout réponde, &c.

SCENE DIX-HUITIE'ME.

THE'ONE. *Les Acteurs précedents.*

THE'ONE. AIR. *A l'ombre d'un Ormeau.*

Changez en des plaintes funebres
Votre allegresse & vos concerts ;
Car les plus épaisses ténebres
Vont obscurcir tout l'univers,
    Et Phaeton bientôt
    Va faire un joli faut.
C'est mon pere qui me l'a dit.
CLIMENE.
Ah ! l'étourdi, il n'a jamais voulu me croire.
    AIR. *Je ne suis pas si diable.*
    Quelle effroïable flâme
    Se répand dans les airs.

ARLEQUIN PHAETON;
THEONE.
La peur saisit mon ame,
Phaeton tu te perds ;
Devois-tu miserable
Joüer un si gros jeu?
MEROPS.
Quelle chaleur de diable !
Au feu, au feu.
LE CHOEUR.
Quelle chaleur de diable &c.
CLIMENE. AIR. *Réjoüissez-vous bons François.*
Peuples qui chantiez à l'instant
Sa gloire & son sort éclatant,
Songez qu'il est très ridicule
De crier parce qu'il vous brûle.

SCENE DIX-NEUVIEME.

PHAETON *dans son char. Les susdits.*

AIR. *Dia hureau.*

Arrêtez Messieurs les chevaux ;
  Ces animaux
N'ont point de bouche ;
Vous vous pressez trop,
Hola ho dia hureau.
  Tout beau.

SCENE DERNIERE.

JUPITER. AIR. *Laissez-moi m'enivrer en paix.*

Il le foudroye. Malheureux quel dégât tu fais,
On ne pourra plus boire au frais,
Culbute, culbute, culbute à jamais.

TOUS.
Ah! que c'est bien fait.

FIN.

APPROBATION.

J'AY lû par ordre de Monseigneur le Garde des Sceaux Arlequin Phaëton, Parodie. A Paris le vingt-quatre Fevrier 1731. GALLYOT.

PERMISSION SIMPLE.

LOUIS par la grace de Dieu, Roy de France & de Navarre, à nos amez & feaux Conseillers les Gens-tenans nos Cours de Parlement, Maîtres des Requêtes ordinaires de notre Hôtel, Grand Conseil, Prevôt de Paris, Baillifs, Senéchaux, leurs Lieutenans Civils, & autres nos Justiciers qu'il appartiendra; SALUT. Notre bien-amé le Sieur ROMAGNESI, Nous ayant fait supplier de luy accorder nos Lettres de Permission pour l'impression d'un Ouvrage qui a pour titre *Le Bolus Parodie du Brutus, & Arlequin Phaëton Parodie*, offrant pour cet effet de le faire imprimer en bon papier & beaux caracteres suivant la feüille imprimée & attachée pour modele sous le contrescel des Presentes, Nous luy avons permis & permettons par ces Présentes de faire imprimer ledit *Le Bolus Parodie du Brutus, & Arlequin Phaëton Parodie*, & autant de fois que bon luy semblera, & de le vendre, faire vendre & debiter par tout notre Royaume pendant le tems de trois années consécutives, à compter du jour de la datte desdites Présentes; faisons défenses à tous Libraires-Imprimeurs, & autres personnes de quelque qualité

& condition qu'elles soient, d'en introduire d'impression étrangere dans aucun lieu de notre obéïssance; à la charge que ces Présentes seront enregistrées tout au long sur le Registre de la Communauté des Libraires & Imprimeurs de Paris, dans trois mois de la datte d'icelles; que l'impression de ce Livre sera faite dans notre Royaume & non ailleurs, & que l'Impétrant se conformera en tout aux Reglemens de la Librairie, & notamment à celuy du dixiéme Avril mil sept cens vingt-cinq, & qu'avant que de l'exposer en vente, le Manuscrit ou Imprimé qui aura servi de copie à l'impression dudit Livre, sera remis dans le même état où l'Approbation y aura été donnée ès mains de notre très-cher & féal Chevalier, Garde des Sceaux de France, le Sieur CHAUVELIN, & qu'il en sera ensuite remis deux Exemplaires dans notre Bibliotheque publique, un dans celle de notre Château du Louvre, & un dans celle de notredit très-cher & féal Chevalier, Garde des Sceaux de France, le Sieur CHAUVELIN, le tout à peine de nullité des Présentes: Du contenu desquelles vous mandons & enjoignons de faire jouir ledit Exposant ou ses ayans cause, pleinement & paisiblement, sans souffrir qu'il leur soit fait aucun trouble ou empêchement. Voulons que la copie desdites Présentes qui sera imprimée tout au long au commencement ou à la fin dudit Livre, foy soit ajoutée comme à l'Original: Commandons au premier notre Huissier ou Sergent, de faire pour l'execution d'icelles tous actes requis & necessaires, sans demander autre permission, & nonobstant clameur de Haro, Charte Normande, & Lettres à ce contraires: CAR tel est notre plaisir. DONNE' à Paris le premier jour du mois de Mars, l'an de grace mil sept cent trente un, & de notre Regne le seiziéme. Par le Roy en son Conseil, SAMSON.

J'ay cedé & transporté au Sieur DELATOUR Libraire-Imprimeur à Paris, mon droit de Privilege du *Bolus Parodie du Brutus*, & d'*Arlequin Phaëton*, suivant la convention fait entre luy & moy. Fait à Paris ce deux Mars mil sept cent trente un. ROMAGNESI.

Registré ensemble la Cession sur le Registre VIII. de la Chambre Royale des Libraires & Imprimeurs de Paris, N°. 129. Fol. 131. conformément aux anciens Reglemens, confirmez par celuy du vingt-huit Fevrier 1723. A Paris le deux Mars mil sept cent trente un.

P. A. LE MERCIER, *Syndic.*

Le prix des deux Parodies est de vingt-quatre sols.

www.ingramcontent.com/pod-product-compliance
Lightning Source LLC
Chambersburg PA
CBHW060600050426
42451CB00011B/2011